AF450867

LE TEMPLE DU GOÛT.

PAR
M. DE VOLTAIRE.

EDITION VERITABLE,

Donnée par l'Auteur.

A AMSTERDAM,

Chez *ETIENNE LEDET.*

M. DCC. XXXIII.

LETTRE

DE

Mr. DE V.....

Á

Mr. DE C...

Monsieur,

Vous avez vu, & vous pouvez rendre témoignage, comment cette ba-

gatel-

gatelle fut conçue & exécutée. C'é-
toit une plaisanterie de Societé. Vous
y avez eu part comme un autre ; cha-
cun fournissoit ses idées ; & je n'ai
guere eu d'autre fonction que celle de
les mettre par écrit.

Mr. de .... disoit, que c'étoit dom-
mage que Bayle eût enflé son Dictio-
naire de plus de deux-cens Articles de
Ministres & de Professeurs Lutheriens
ou Calvinistes ; qu'en cherchant l'Ar-
ticle de *César* , il n'avoit rencontré
que celui de *Jean Césarius* Professeur à
Cologne ; & qu'au-lieu de *Scipion*, il
avoit trouve six grandes pages sur
Gerard Scioppius.   De-là on con-
cluoit à la pluralité des voix, à ré-
duire Bayle à un seul Tome, dans
la Bibliotheque du Temple du
Goût.

Vous m'assuriez tous, que vous a-
viez

viez été assez ennuyez en lisant l'Histoire de l'Académie Françoise ; que
vous vous interessiez fort peu à tous
les détails des Ouvrages de Balesdens,
de Porcheres, de Bardin, de Baudouin,
de Faret , de Colletet, de Cottin &
d'autres pareils Grands-Hommes ; &
je vous en crus sur votre parole. On
ajoutoit, qu'il n'y a guere aujourd'hui
de Femmes d'esprit qui n'écrive de
meilleures Lettres que Voiture. On
disoit, que St. Evremont n'auroit jamais dû faire de Vers, & qu'on ne
devoit pas imprimer toute sa Prose.
C'est le sentiment du Public éclairé ; & moi, qui trouve toujours tous
les Livres trop longs, & surtout les
miens, je réduisois aussi-tôt tous ces
Volumes à très peu de pages.

Je n'étois en tout cela que le Secre-
taire du Public : si ceux qui perdent

leur Cauſe ſe plaignent, ils ne doivent pas s'adreſſer à celui qui a écrit l'Arrêt.

Je ſai que des Politiques ont regardé cette innocente plaiſanterie du Temple du Goût, comme un grave attentat. Ils prétendent qu'il n'y a qu'un mal-intentionné qui puiſſe avancer, que le Château de Verſailles n'a que ſept croiſées de face ſur la Cour; & ſoutenir que Le Brun, qui étoit Prémier Peintre du Roi, a manqué de Coloris.

Des Rigoriſtes diſent qu'il eſt impie de mettre des Filles de l'Opera, Lucrece, & des Docteurs de Sorbonne, dans le Temple du Goût.

Des Auteurs auxquels on n'a point penſé, crient à la Satire, & ſe plaignent que leurs défauts ſont déſignez, & leurs grandes beautez paſſées ſous ſilenlence; crime irrémissible, qu'ils ne pardonneront de leur vie : & ils appellent le Temple du Goût, un Libelle diffamatoire.

On ajoute, qu'il est d'une ame noire, de ne louer personne sans un petit correctif ; & que dans cet Ouvrage dangereux nous n'avons jamais manqué de faire quelque égratignure à ceux que nous avons caressez.

Je répondrai en deux mots à cette accusation. Qui loue tout, n'est qu'un Flateur : celui-là seul sait louer, qui loue avec restriction.

Ensuite, pour mettre de l'ordre dans nos idées , comme il convient dans ce Siecle éclairé , je dirai qu'il faudroit un peu distinguer entre la *Critique* , la *Satire* & le *Libelle*.

Dire que le *Traité des Etudes* est

un Livre à jamais utile , & que par cette raison même il en faut retrancher quelques plaisanteries & quelques familiaritez peu convenables à ce sérieux Ouvrage ; dire que *les Mondes* est un Livre charmant & unique, & qu'on est fâché d'y trouver que *le jour est une beauté blonde, & la nuit une beauté brune* , & autres petites douceurs ; voilà, je croi, de la *Critique.*

Que Despréaux ait écrit

———— Pour trouver un Auteur sans défaut ,
La raison dit Virgile , & la rime Quinaut ;

c'est de la *Satire* , & de la Satire même assez injuste en tous sens, (avec le respect que je lui dois :) car la rime de *défaut* n'est point assez belle pour exiger celle de *Quinaut* ; & il

est

eſt auſſi peu vrai de dire que Virgile eſt ſans défaut, que de dire que Quinaut eſt ſans naturel & ſans graces.

Les *Couplets* de *Rouſſeau*, le *Masque de Laverne*, & telle autre horreur; certains Ouvrages de Gacon; voilà ce qui s'appelle un *Libelle diffamatoire*.

Tous les Honnêtes-gens qui penſent, ſont *Critiques*; les Malins ſont *Satiriques*; les Pervers font des *Libelles*: & ceux qui ont fait avec moi le Temple du Goût, ne ſont aſſurément ni malins, ni méchans.

Enfin, voilà ce qui nous amuſa pendant plus de quinze jours. Les idées ſe ſuccedoient les unes aux autres; on changeoit tous les ſoirs quelque choſe; & cela a produit ſept ou huit

Tem-

Temples du Goût, abſolument differens.

Un jour, nous y mettions les Etrangers ; le lendemain, nous n'admettions que les François. Les Maffei, les Pope, les Bononcini ont perdu à cela plus de cinquante Vers, qui ne ſont pas fort à regretter. Quoi qu'il en ſoit, cette plaiſanterie n'étoit point du tout faite pour être publique.

Une des plus mauvaiſes & des plus infideles Copies d'un des plus négligez Brouillons de cette bagatelle, ayant couru dans le monde, a été imprimée ſans mon aveu ; & celui qui l'a donnée, quel qu'il ſoit, a très grand tort.

Peut-être fait-on plus mal encore de donner cette nouvelle Edition : il ne faut jamais prendre le Public pour

le

le confident de ſes Amuſemens. Mais la ſottiſe eſt faite, & c'eſt un de ces cas où l'on ne peut faire que des fautes.

Voici donc une faute nouvelle; & le Public aura cette petite Eſquiſſe, (ſi cela même peut en mériter le nom) telle qu'elle a été faite dans une Societé où l'on ſavoit s'amuſer ſans la reſſource du Jeu , où l'on cultivoit les Belles - Lettres ſans eſprit de Parti, où l'on aimoit la Vérité plus que la Satire , & où l'on ſavoit louer ſans flatterie.

S'il avoit été queſtion de faire un Traité du Goût , on auroit prié les De Côtes & les Baufrancs de parler d'Architecture , les Coypels de définir leur Art avec eſprit, les Destouches de dire quelles ſont les graces de la Muſique, les Crebillons

de

de peindre la Terreur qui doit ani-
mer le Théatre : pour peu que cha-
cun d'eux eût voulu dire ce qu'il
fait , cela auroit fait un gros *in
folio*. Mais on s'eſt contenté de
mettre en général les ſentimens du
Public , dans un petit Écrit ſans
conſéquence ;   & je me ſuis char-
ge uniquement de tenir la plume.

Il me reſte à dire un mot ſur notre jeune Nobleſſe , qui employe
l'heureux loiſir de la Paix à culti-
ver les Lettres & les Arts ; bien
differente en cela des auguſtes Viſi-
goths leurs Ancêtres , qui ne ſa-
voient pas ſigner leurs noms. S'il
y a encore dans notre Nation ſi
polie quelques Barbares & quelques
mauvais-Plaiſans, qui oſent desap-
prouver des occupations ſi eſtima-
bles ,

bles, on peut aſſurer qu'ils en fe-
roient autant, s'ils le pouvoient. Je
ſuis très perſuadé que quand un
Homme ne cultive point un Talent, c'eſt qu'il ne l'a pas; qu'il n'y
a perſonne qui ne fît des Vers,
s'il étoit né Poëte, & de la Muſique, s'il étoit né Muſicien.

Il faut ſeulement que les graves
Critiques, aux yeux desquels il n'y
a d'amuſement honorable dans le
monde que le Lansquenet & le Bi-
ribi, ſachent que les Courtiſans de
Louis XIV, au retour de la Con-
quête de Hollande en 1672, danſe-
rent à Paris ſur le Théatre de Lulli
dans le Jeu de paume de Belleai-
re, avec les Danſeurs de l'Opera;
& que l'on n'oſa pas en murmu-
rer. A plus forte raiſon doit-on,
je croi, pardonner à la Jeuneſſe, d'a-
voir

voir de l'esprit dans un âge où l'on ne connoissoit que la débauche.

Omne tulit punctum, qui miscuit utile dulci.

V.

LE
TEMPLE
DU
GOÛT.

E Cardinal Oracle de la France,
Non ce Mentor qui gouverne aujourd'hui,
Juste, tranquille, humble dans sa puissance,
Maitre de tout, & plus maitre de lui ;
Mais ce Nestor qui du Pinde est l'appui,
Qui des Savans a passé l'esperance,
Qui les soutient, qui les anime tous,
Qui les éclaire, & qui regne sur nous
Par les attraits de sa douce éloquence ;
Ce Cardinal qui, sur un nouveau ton,
En Vers charmans fait parler la Sagesse,

A   Réu-

Réunissant Virgile avec Platon,
Vengeur du Ciel, & vainqueur de Lucrece. (1)

Ce Cardinal, enfin, que tout le monde re-
connoit à ce portrait, me dit un jour, qu'il
vouloit que je vinsse avec lui au Temple du
Goût. C'est un séjour, me dit-il, dont tout
le monde parle, où peu de gens vont, & que
ceux qui voyagent, se donnent rarement la peine d'examiner. Il est bon que vous observiez
de près un Dieu que vous voulez servir.

Vous l'avez pris pour votre Maitre:

Il l'est, ou du moins le doit être.

Mais vous l'encensez de trop loin,

Et nous allons prendre le soin

De vous le faire mieux connoitre.

Je remerciai Son Eminence de sa bonté; &
je lui dis: Monseigneur, je suis extrèmement
indiscret. Si vous me menez avec vous, je
m'en vanterai à tout le monde.

Sur ce petit Pelerinage,

Aussi tôt on demandera

Que

(1) M. le Cardinal de *Polignac* a fait contre Lucrece un
Poëme Latin. Tous les Gens de Lettres connoissent ces
beaux Vers, qui sont au commencement:

Pieridum si fortè lepos austera canentes

Deficit, eloquio victi, re vincimus ipsa.

Que je compose un gros Ouvrage.

Voltaire simplement fera

Un récit court, qui ne sera

Qu'un très frivole badinage :

Mais son récit on frondera,

A la Cour on murmurera ;

Et dans Paris on me prendra

Pour un vieux Conteur de Voyage ,

Qui vous dit d'un air ingénu ,

Ce qu'il n'a ni vu ni connu,

Et qui vous ment à chaque page.

   Et si dans son malin vouloir

Quelque Critique veut savoir

En quels lieux , en quel coin du Monde

Est bâti ce divin Manoir ,

Que faudra-t-il que je réponde ?

Le Cardinal me repliqua , que le Temple é-
toit dans le Païs des Beaux-Arts ; qu'il vouloit
absolument que je l'y suivisse, & que je fisse ma
relation avec sincerité ; que s'il arrivoit qu'on
se moquât un peu de moi, il n'y auroit pas
grand mal à cela, & que je le rendrois bien si
je voulois. J'obeïs, & nous partimes.

Aimable Abbé, vous fûtes du Voyage ;

Vous que le Goût ne cesse d'inspirer ;

Vous dont l'esprit si délicat, si sage,

Vous dont l'exemple à daigné me montrer

Par quels chemins on peut, sans s'égarer,

Chercher le Goût, ce Dieu que dans cet Age

Maints Beaux-Esprits s'efforcent d'ignorer.

Nous rencontrâmes sur le chemin plusieurs obstacles. D'abord, nous trouvâmes Messieurs Orcus, Lexicocrassus, Scriverius, une nuée de Commentateurs, qui restituoient des passages, & qui composoient de gros Volumes, à propos d'un mot qu'ils n'entendoient pas.

Là, j'apperçus les Daciers (2), les Saumaises, (3)

Gens hérissés de savantes fadaises,

Le

(2) M. *Dacier* avoit une grande Litterature : il connoissoit tout dans les Anciens, hors la grace & la finesse. Ses Commentaires ont par-tout de l'érudition, & très rarement du goût. Il traduit grossièrement les délicatesses d'Horace. Si Horace dit à sa Maîtresse : *Miseri quibus intentata nites*, Dacier dit : *Malheureux ceux qui se laissent attirer par cette bonace, sans vous connoître.* Il traduit, *Nunc est bibendum, nunc pede libero pulsanda tellus. C'est maintenant qu'il faut boire, & que sans rien craindre, il faut danser de toute sa force. Mox juniores quærit adulteros. Elles ne sont pas plutôt mariées, qu'elles cherchent de nouveaux galans.* Mais quoiqu'il défigure Horace, & que ses Notes soient souvent d'un Savant sans esprit, son Livre est plein de recherches utiles, & le Public
blic

Le teint jauni , les yeux rouges & fecs ,

Le dos courbé fous un tas d'Auteurs Grecs ;

Tout noircis d'ancre , & coiffés de pouffiere.

Je leur criai de loin par la portiere :

N'allez-vous pas dans le Temple du Goût,

Vous décraffer ? Nous, Meffieurs ? Point du tout.

Ce n'eft pas là, grace au Ciel, notre étude ;

Le Goût n'eft rien. Nous avons l'habitude

De rédiger au long, de point en point,

Ce qu'on penfa ; mais nous ne penfons point.

Après cet aveu ingénu, ces Meffieurs entou-
rerent le Caroffe & voulurent abfolument nous
faire lire certains paffages de Dictys de Crete,
& de Metrodore de Lampfaque , que Grono-
vius avoit eftropiés, à ce qu'ils difoient. Nous
les remerciames de leur courtoifie, & nous con-
tinu-

blic loue fon travail en voyant fon peu de génie.
(3) *Claude Saumaife,* de Dijon, paffa prefque toute fa vie
à écrire contre Jufte Lipfe & Heinfius , de gros Livres fur
des queftions inutiles. Enfin il fut chargé de défendre la
plus férieufe & la plus célebre Caufe du monde : c'étoit celle
de Charles I. Roi d'Angleterre, contre Cromwel. Voici ce
qu'on trouve dans le commencement du Livre qu'il fit
fur ce fujet, par ordre de Charles II. *Anglois , qui vous
renvoyez les têtes des Rois comme des balles de paume , qui
jouez à la boule avec les Couronnes , & qui vous ferrez des
Sceptres comme de marotes.* Nota , que Milton lui repon-
dit dans le même ftile.

tinuames notre chemin. Nous n'eumes pas fait
cent pas , que nous trouvames un Homme entouré de Peintres, d'Architectes, de Sculpteurs,
de Doreurs, de faux Connoiſſeurs, de Flateurs.
Ils tournoient le dos au Temple du Goût.

D'un air content l'Orgueil ſe repoſoit,

Se pavanoit ſur ſon large viſage ;

Et mon Créſus tout en ronflant diſoit:

J'ai beaucoup d'Or, de l'Eſprit davantage:

On me prendroit pour le vrai Dieu du Goût:

Je n'appris rien, je me connois à tout:

Je ſuis un Aigle en Conſeil, en Affaires:

Malgré les Vents, les Rocs & les Corſaires,

J'ai dans le Port fait aborder ma Nef.

Partant, il ſaut qu'on me bâtiſſe en bref

Un grand Palais, fait pour moi , c'eſt tout dire,

Où les Beaux-Arts ſoient en foule entaſſés,

Où tout le jour je prétens qu'on m'admire.

L'argent eſt prêt. Faquins , obeïſſez.

Il dit, & dort. Auſſi-tôt la Canaille

Autour de lui s'évertue & travaille.

Certain Maçon , en Vitruve érigé ,

Lui trace un Plan d'ornemens ſurchargé;

Nul Veſtibule, encor moins de Façade :

Mais vous aurez une longue enfilade;

Vos

Vos murs feront de deux doigts d'épaiffeur,

Grands Cabinets, Salon fans profondeur,

Petits Tremeaux, Fenêtres à ma guife,

Que l'on prendra pour des Portes d'Eglife;

Le tout boifé, verni, fculpté, doré,

Et des Badauts à coup fûr admiré.

Réveillez vous, Monfeigneur, je vous prie,

Crioit un Peintre ; admirez l'induftrie

De mon talent. Raphaël n'eût jamais

Entendu l'Art d'embellir un Palais.

C'eft moi qui fais annoblir la Nature:

Je couvrirai Plat-fonds, Voûte, Vouffure,

De cent Magots travaillés avec foin,

D'un pouce ou deux, pour être vus de loin.

Créfus s'éveille, il regarde, il rédige,

A tort, à droit, règle, approuve, corrige.

A fes côtés, un petit Curieux,

Lorgnette en main, difoit : Tournez les yeux,

Voyez ceci, c'eft pour votre Chapelle ;

Sur ma parole, achetez ce Tableau,

C'eft Dieu le Pere en fa gloire éternelle,

Peint galamment dans le goût du (4) Vatau.

Et

___

(4) Vatau eft un Peintre Flamand, qui eft de l'Ecole Françoife. Il a travaillé à Paris, où il eft mort il y a quelques années.

A 4

Et cependant, un fripon de Libraire,

Des Beaux-Esprits écumeur mercenaire,

Vendeur adroit de fottife & de vent,

En fouriant d'une mine matoife,

Lui mefuroit des Livres à la toife ;

Car Monfeigneur eft fur-tout fort favant.

Je crus en être quitte pour ce petit retarde-
ment, & que nous allions arriver au Temple
fans autre mauvaife fortune : mais la route eft
plus dangereufe que je ne penfois. Nous trouvames bien-tôt une nouvelle embufcade.

C'étoit un Concert que l'on donnoit dans u-
ne Maifon de Campagne bizarrement fituée, &
bâtie de même. Le Maitre de la Maifon, voyant de loin le Caroffe du Cardinal, & fachant
que S E. venoit d'Italie, vint le prier du Concert. Il lui dit en peu de mots beaucoup de mal
de Lully, de Deftouches & de Campra, &
l'affura qu'à fon Concert il n'y auroit point de
Mufique Françoife. Le Cardinal lui remontra
en-vain que la Mufique Italienne, la Françoife
& la Latine, étoient fort bonnes, chacune dans
leur genre ; qu'il n'y a rien de fi ridicule que de
l'Italien chanté à la Françoife, fi ce n'eft peut-
être le François chanté à l'Italienne. Car, lui
dit-il

nées. Il a réuffi dans les petites Figures, qu'il a deffinées avec
grace & legereté, & qu'il a très bien groupées : mais il n'a
jamais rien fait de grand, & il en étoit incapable. M. de Ju-
lienne a fait graver fon Oeuvre avec un très grand foin.

dit-il avec un ton de voix aimable, fait pour orner la Raison :

La Nature féconde, ingénieuse & sage,

Par ses dons partagés ornant cet Univers,

Parle à tous les Humains ; mais, sur des tons divers.

Ainsi que son esprit, tout Peuple à son langage;

Ses sons & ses accens, à sa voix ajustés,

Des mains de la Nature exactement notés :

L'oreille heureuse & fine en sent la différence.

Sur le ton des François, il faut chanter en France:

Aux Loix de notre goût Lully sut se ranger;

Il embellit notre Art, au-lieu de le changer.

A ces paroles judicieuses, mon Homme répondit en secouant la tête : Venez, venez, dit-il, on va vous donner du neuf. Il fallut entrer, & voilà son Concert qui commence.

Du grand Lully, vingt Rivaux fanatiques,

Plus ennemis de l'Art & du Bon-sens,

Défiguroient, sur des tons glapissans,

Des Vers François en fredons Italiques:

Une Bégueule en lorgnant se pâmoit;

Et certain Fat, yvre de sa parure,

En se mirant, chevrotoit, fredonnoit;

Et de l'index battant faux la mesure,

Crioit *bravo*, lorsque l'on détonnoit.

<table>
<tr><td>A 5</td><td>Nous</td></tr>
</table>

Nous fortimes au plus vîte. Ce ne fut qu'au travers de bien des avantures pareilles, que nous arrivames enfin au Temple du Goût.

Jadis, en Grece on en pofa

Le fondement ferme & durable:

Puis, jufqu'au Ciel on exhauffa

Le faîte de ce Temple aimable.

L'Univers entier l'encenfa.

Le Romain, longtems intraitable,

Dans ce féjour s'apprivoifa;

Doux Vainqueur, il y dépofa

Sa Barbarie infupportable.

Le Mufulman, plus implacable,

Conquit le Temple & le rafa. (5)

En Italie on ramaffa

Tous les débris que l'Infidele

Avec fureur en difperfa.

Bientôt, FRANÇOIS PREMIER ofa

En bâtir un fur ce modele.

Sa Pofterité méprifa

Cette

____

(5) Quand Mahomet II. prit Conftantinople en 1453, tous les Grecs qui cultivoient les Arts fe réfugierent en Italie. Ils y furent principalement accueillis par les Maifons de Medicis, d'Eft & de Bentivoglio, à qui l'Italie doit fa Politeffe & fa Gloire.

Cette Architecture si belle.

Richelieu vint, qui répara

Le Temple abandonné par elle.

LOUIS LE GRAND le décora.

Colbert, son Ministre fidelle,

Dans ce Sanctuaire attira

Des Beaux-Arts la Troupe immortelle.

L'Europe jalouse admira

Ce Temple, en sa beauté nouvelle;

Mais je ne sai s'il durera.

Ce seroit ici le lieu de m'étendre sur la structure de cet Edifice, & de parler d'Architrave & d'Archivolte, si j'avois formé le dessein de n'être pas lu.

Evitons le long verbiage

De Monsieur de Félibien, (6)

Qui noye élégamment un Rien

Dans un fatras de beau langage.

Cet Edifice précieux

N'est point chargé des antiquailles

Que nos très Gotiques Ayeux

Entassoient autour des murailles

De

____

(6) Félibien a fait sur la Peinture cinq volumes, où on trouve moins de choses que dans le seul volume de Piles.

De leurs Temples, grossiers comme eux.

Il n'a point les défauts pompeux

De la Chapelle de Versailles,

Ce Colifichet fastueux

Qui du Peuple éblouït les yeux,

Et dont le Connoisseur se raille.

Il est bien plus aisé de dire ce que Temple n'est pas, que de dire ce qu'il est. J'ajouterai seulement, pour éviter la difficulté :

Simple en étoit la noble Architecture.

Chaque ornement, à sa place arrêté,

Y sembloit mis par la nécessité :

L'Art s'y cachoit sous l'air de la Nature.

L'œil satisfait embrassoit sa structure,

(7) Jamais surpris, & toujours enchanté.

Le Temple étoit environné d'une foule de Virtuoses, d'Artistes & de Juges de toute espece, qui s'efforçoient d'entrer, mais qui n'entroient point.

Car

______

(7) Quand on entre dans un Edifice, bâti selon les véritables règles de l'Architecture, toutes les proportions étant observées, rien ne paroît ni trop grand ni trop petit; & le tout semble s'agrandir insensiblement, à mesure qu'on le considere. Il arrive tout le contraire dans les bâtimens Gotiques.

Car la Critique, à l'œil fevere & jufte,

Gardant les Clefs de cette Porte augufte,

D'un bras d'airain, fierement repouffoit

Le Peuple Got, qui fans ceffe avançoit.

On chaffoit tous ces Satiriques obscurs, qui font fecretement une mauvaife Critique d'un bon Ouvrage; petits Infectes dont nous ne foupçonnons l'exiftence, que par les efforts qu'ils font pour piquer. On renvoyoit ces Courtifans affairés & oififs, qui mettent tout leur grand crédit à faire une brigue inutile contre une Piece nouvelle.

Ce font les Cabales mutines

De ces prétendus Beaux-Efprits,

Qu'on vit proteger dans Paris

Les Pradons & les Scuderis,

Contre les immortels Ecrits
Des Corneilles & des Racines.

On repouffoit plus rudement ces Hommes injuftes & dangereux, ces Ennemis de tout mérite, qui haïffent fincerement ce qui réuffit, de quelque nature qu'il puiffe être: ils auroient également envié *Rocroy* au grand Condé, *Denain* à Villars, & *Polieucte* à Corneille: ils auroient exterminé Le Brun pour avoir fait le Tableau de la Famille de

Darius.

Darius. Leurs bouches diſtillent la médiſance & la calomnie : ils diſent que Télémaque (8) eſt un Libelle contre Louis XIV. & Eſther une Satire contre le Miniſtere : ils donnent de nouvelles Clefs de La Bruyere : ils infectent tout ce qu'ils touchent.

> L'Orgueil les engendra dans les flancs de l'Envie.
>
> Des Midas de la France ils faſcinent les yeux.
>
> Un Fat les applaudit ; un Méchant les appuye ;
>
> Et les Arts déſolés vont répandre loin d'eux,
>
> Des pleurs qu'avec le tems l'Equité ſeule eſſuye.

Ils s'enfuirent tous, à la vue du Cardinal, & de l'Abbé de Rothelin ; car ils ont pour eux l'averſion qu'ils leur doivent. Leur fuite précipitée fit place à un ſpectacle plus plaiſant : c'étoit une foule d'Auteurs de tous états, qui ſe preſſoit à la porte. L'un apportoit un Roman nouveau ; l'autre, une Harangue à l'Académie ; celui-ci, un petit Recueil de Vers imprimés avec une longue Approbation, ſans que le Public en ait rien ſu. Cet autre venoit préſenter un Mandement en ſtile précieux, & étoit tout ſurpris qu'on ſe mît à rire au-lieu de lui demander ſa Bénédiction. Je ſuis le Ré-

---

(8) On a fait réellement ces reproches à Fenelon & à Racine, dans de miſerables Libelles que perſonne ne lit plus aujourd'hui , & auxquels la malignité donna de la vogue dans leur tems.

Révérend Pere.... difoit l'un. Place à Monfeigneur... crioit l'autre.

Un Raifonneur, avec un fauffet aigre,

Crioit, Meffieurs, je fuis un Juge integre,

Qui toujours parle, arguë, & contredit;

Je viens fiffler tout ce qu'on applaudit.

Lors la Critique apparut, & lui dit,

Ami Bardus, vous êtes un grand Maitre;

Mais n'entrerez en cet aimabe Lieu:

Vous y venez pour fronder notre Dieu;

Contentez-vous de ne le pas connoitre.

Mr. Bardus refufé fe mit à faire un long dif-
cours contre l'Exiftence du Dieu du Goût; il
affura que ce Dieu n'eft qu'une chimere; il
propofa, il divifa, il fubdivifa, il diftingua,
il réfuma; perfonne ne l'écouta.

Parmi les flots de la Troupe infenfée,

De ce Parvis obftinément chaffée,

Tout doucement venoit La Motte Houdart,

Lequel difoit, d'un ton de Papelard,

Ouvrez, Meffieurs, c'eft mon Oedipe en profe.

Mes Vers font durs, d'accord; mais forts de chofe.

De grace, ouvrez; je veux à Defpréaux

Contre les Vers dire avec goût deux mots.

La

La Critique reconnut en lui l'Auteur rai-
fonnable, à la douceur de fon maintien ; & le
Traducteur de l'Iliade, à la dureté de fon
Stile. Elle le laiſſa quelque tems entre Chapelain & Defmarets, qui médifoient de Virgile
& d'Homere à la porte du Temple, depuis
cinquante ans.

Dans le moment arriva un autre Verfificateur,
foutenu par deux petits Satires. Il paroiſſoit
plein de confiance, & s'étonnoit qu'on tardât
à lui ouvrir.

Vers de   Je viens, dit-il, pour rire & pour m'ébattre,
Rouſſeau.

     Me rigolant, menant joyeux déduit,

     Et jufqu'au jour faifant le Diable à quatre.

     Qu'eſt-ce que j'entends-là, dit la Critique ?
C'eſt moi, reprit le Rimeur. J'arrive d'Alle-
magne pour vous voir, & j'ai pris la Saifon du
Printems :

Vers de   Car les jeunes Zéphirs, de leurs chaudes
Rouſſeau.

                            haleines,

     Ont fondu l'écorce des eaux.

     Plus il parloit ce langage, moins la porte
s'ouvroit. On me prend donc, continua-t-il,

Vers de   Pour une Grenouille aquatique,
Rouſſ.

     Qui du fond d'un petit thorax,

     Va chantant pour toute mufique,

     Brekekeke, koax, koax, koax, koax ?   Ah,

Ah, bon Dieu! s'écria la Critique, quel horrible jargon! Elle fit ouvrir la porte, pour voir l'Animal qui avoit un cri si singulier. Quel fut son étonnement, quand tout le monde lui dit que c'étoit Rousseau! Elle lui ferma la porte au plus vîte. Le Rimeur desesperé lui crioit dans son Stile Marotique.

Eh! montrez-vous un peu moins difficile,

J'ai près de vous mérité d'être admis.

Reconnoissez mon humeur & mon stile,

Voici des Vers contre tous mes Amis.

O vous, Critique, ô vous, Déesse utile,

C'étoit par vous que j'étois inspiré.

En tout païs, en tout tems abhorré,

Je n'ai que vous deformais pour asyle.

A ces paroles, la Critique fit ouvrir le Temple, parut d'un air de Juge, & parla ainsi au Cynique.

Rousseau, tu m'as trop méconnue,

Jamais ma candeur ingénue

A tes Ecrits n'a présidé.

Ne prétends pas qu'un Dieu t'inspire,

Quand ton esprit n'est possedé

Que du Démon de la Satire.

B

Pour

Pour certains Couplets de Chanson,

Et pour un fort mauvais Facton,

Ta mordante Muse est bannie. (8)

Mais par l'équitable Apollon

Ta rage est encor mieux punie:

Il t'ôta le peu de génie

Dont tu dis qu'il t'avoit fait don;

Il te priva de l'harmonie;

Et tu n'as plus rien aujourd'hui,

Que la foiblesse & la manie

De forger encor malgré lui,

Des Vers Tudesques qu'il renie.

La Mothe entendoit tout cela: il rioit; mais point trop fort, & avec discretion. Rousseau lui reprochoit avec fureur, tous les mauvais Vers que cet Académicien avoit faits en sa vie. Souvien-toi du (9) *Cornet fatidique*, disoit

(8) Voyez le Factum de Mr. Saurin de l'Académie des Sciences, contre Rousseau; avec l'Arrêt qui condamne ce dernier comme Calomniateur.

(9) *Plus loin, une main frénétique*

    Chasse du cornet fatidique

    L'Oracle roulant du Destin
                    La Mothe.

    Ah! je connois votre Equivoque;

    Et ressemblez à l'œuf cuit dans sa coque.
                  Rousseau.

difoit Rouffeau avec un fourire amer. Eh! n'oubliez pas *l'œuf cuit dans fa coque*, répondoit doucement La Mothe. La difpute auroit duré longtems, fi la Critique ne leur avoit impofé filence, & ne leur avoit dit; Ecoutez: prenez toux deux à la main vos prémiers Ouvrages, & brulez les derniers (10). Rouffeau, placez-vous au-deffus de La Mothe, en qualité de Verfificateur: mais toutes les fois qu'il s'agira d'Efprit & de Raifon, vcus vous mettrez fort au-deffous de lui. Ni l'un ni l'autre ne fut content de la décifion.

J'étois préfent à cette Scene. La Critique m'apperçut. Ah ah! me dit-elle, vous êtes bien hardi d'entrer! Je lui répondis humblement: Dangereufe Déeffc, je ne fuis ici que parce que ces Meffieurs l'ont voulu; je n'aurois jamais ofé y venir feul. Je veux bien, dit-elle, vcus y fouffrir à leur confideràtion: mais tàchez de profiter de tout ce qui fe fait ici.

Sur-tout, gardez-vous bien de rire

Des Auteurs que vous avez vus;

Cent petits Rivaux inconnus

Crieroient bien vîte à la Satire.

Corrigez-vous fans les inftruire:

Donnez plus d'Intrigue à *Brutus*,

Plus

(10) Les prémiers Vers de La Mothe & de Rouffeau furent reçus très favorablement du Public; mais les derniers n'ont cu aucun fuccès.

B 2

Plus de Vraisemblance à *Zaïre*;

Et, croyez-moi, n'oubliez plus,

Que vous avez fait *Artémire*.

Je vis bien qu'elle en alloit dire davantage;
elle me parloit déja d'un certain *Philoctete* : je
m'esquivai, & je laissai avancer un Homme
qui valoit mieux que Rousseau, La Mothe,
& moi.

C'étoit le sage Fontenelle,

Qui par les Beaux-Arts entouré,

Répandoit sur eux à son gré

Une clarté pure & nouvelle.

D'une Planete, à tire d'aile,

En ce moment il revenoit

Dans ces lieux où le Goût tenoit

Le Siege heureux de son Empire.

Avec Quinaut il badinoit;

Avec Mairan il raisonnoit;

D'une main legere, il prenoit

Le Compas, la Plume & la Lyre.

Beaucoup de Gens de Lettres furent indignés
de voir cet Homme, contre lequel ils avoient fait
tant d'Epigrammes. Quoi ! dit l'un d'eux, le
Bon-goût souffrira dans son Temple l'Auteur
des *Lettres du Chevalier d'Her…* d'une *Passion
d'Au-*

d'Automne, d'un *Clair de Lune*, d'un *Ruisseau Amant à la Prairie*, d'*Aspar*, d'*Endymion*, de … Non, dit la Critique, ce n'est pas l'Auteur de tout cela, que vous voyez. C'est celui des *Mondes*, Ouvrage qui a dû vous instruire ; de *Thetis & Pelée*, Opera qui a pu exciter votre envie ; de l'*Histoire de l'Académie des Sciences*, que je souhaite que vous entendiez.

Puis se tournant vers l'aimable Interprete de la Philosophie ; Je ne vous reprocherai pas, dit-elle, certains Ouvrages de votre jeunesse, comme font ces Cyniques jaloux. Mais je suis la Critique ; vous êtes chez le Dieu du Goût ; & mon devoir est de vous dire, que

Votre Muse sage, & riante,

Devroit aimer un peu moins l'Art.

Ne la gâtez point par le fard :

Sa couleur est assez brillante.

Allez, suivez mon conseil ; c'est celui du Dieu du Goût, de la Critique, & du Public. Cependant, mettez-vous entre Lucrece & Leibnitz.

Je demandai pourquoi Leibnitz étoit là. C'est, me dit-on, pour avoir fait d'assez bons Vers Latins, quoiqu'il fût Métaphysicien & Géometre ; & la Critique le souffre en cette place, pour adoucir par cet exemple l'esprit dur de la plupart de ses Confreres.

A l'égard de Lucrece , il rougit d'abord en voyant le Cardinal son Ennemi. Mais à peine l'eut-il entendu parler, qu'il l'aima ; il courut à lui , il l'embraſſa, il avoua ſes erreurs; il lui dit en beaux Vers Latins , ce que je traduis ici en aſſez mauvais Vers François:

> Aveugle que j'étois ! je crus voir la Nature ;
>
> Je marchai dans la nuit, conduit par Epicure ;
>
> J'adorai comme un Dieu ce Mortel orgueilleux,
>
> Qui fit la guerre au Ciel & détrôna les Dieux.
>
> L'Ame ne me parut qu'une foible étincelle,
>
> Que la nuit du trépas diſſipe dans les airs.
>
> Tu m'as vaincu, je cede ; & l'Ame eſt immortelle,
>
> Auſſi-bien que ton Nom, tes Ecrits & mes Vers.

Le Cardinal répondit à Lucrece dans la Langue de ce Poëte. Tous les Poëtes de l'Antiquité qui l'écouterent, le prirent pour un ancien Romain : mais il ne s'agit ici que des François.

Enfin, après ces retardemens agréables, au milieu des Beaux-Arts, des Muſes, des Plaiſirs mêmes , nous arrivames juſqu'à l'Autel & jusqu'au Trône du Dieu du Goût.

> Je vis ce Dieu, qu'en-vain j'implore ;
>
> Ce Dieu charmant , que l'on ignore
>
> Quand on cherche à le définir ;
>
> Ce Dieu qu'on ne ſait point ſervir,

Quand

Quand avec fcrupule on l'adore ;
Que La Fontaine fait fentir,
Et que Vadius cherche encore.
   Il fe plaifoit à confulter
Ces Graces fimples & naïves,
Dont la France doit fe vanter ;
Ces Graces piquantes & vives,
Que les Nations attentives
Voulurent fouvent imiter ;
Qui de l'Art ne font point captives ;
Qui regnoient jadis à la Cour,
Et que la Nature & l'Amour
Avoient fait naitre fur nos rives.
   Il eft toujours environné
De leur Troupe aimable & legere :
C'eft par leurs mains qu'il eft orné,
C'eft avec elles qu'il veut plaire.
Elles-mêmes l'ont couronné
D'un Diadème , qu'au Parnaffe
Compofa jadis Apollon,
Des Lauriers du divin Maron,
Du Lierre & du Myrte d'Horace ,
Et des Rofes d'Anacréon.
Sur fon front regne la Sageffe.
Son air eft tendre , ingénieux.

Les Amours ont mis dans ſes yeux

Le Sentiment & la Fineſſe.

　　Le More à ſes Autels chantoit. (11)

Peliſſier près d'elle exprimoit

De Lulli toute la tendreſſe.

Pleine de grace & de moleſſe,

Sallé le Temple parcouroit, (12)

D'un pas guidé par la juſteſſe.

Legere & forte en ſa foupleſſe,

La vive Camargo ſautoit, (13)

A ces ſons brillans d'allegreſſe,

Et de Rebel, & de Mouret.

Le Couvreur plus loin récitoit, (14)

Avec cette grace divine

Dont autrefois elle ajoutoit

De nouveaux charmes à Racine.

　　Le ſage Rollin s'écartoit (15)

De

(11) Mesdemoiſelles *Le More* & *Pelisſier*, deux celebres Chanteuſes de l'Opera.

(12) Mademoiſelle *Sallé*, excellente Danſeuſe, qui exprime les Paſſions.

(13) Mademoiſelle *Camargo*, la prémiere qui ait danſé comme un Homme.

(14) *Adrienne le Couvreur*, la meilleure Actrice qu'ait jamais eu la Comédie Françoiſe pour le Tragique, & la prémiere qui ait introduit au Théatre la déclamation naturelle.

(15) *Charles Rollin*, ancien Recteur de l'Univerſité, Auteur

De cette foule enchantereffe ;

Dans le fond du Temple il dictoit

Quelques leçons à la Jeuneffe ;

Et malgré l'auftere fageffe

De la Morale qu'il prêchoit ,

Malgré fa Robe , on l'écoutoit :

Chofe affez rare à fon Efpece.

    Sous la voûte d'un Cabinet ,

Que Girardon & le Puget (16)

Embelliffoient de leur fculpture ,

Le Pouffin fagement peignoit ,

Le Sueur entre eux fe plaçoit ,   (17)

Le Brun fierement deffinoit ;

Et le Dieu, qui de l'œil fuivoit

Les traits de leur main libre & fure ,

En les approuvant fe plaignoit

De voir, qu'à leur docte peinture ,

Mal-

teur du *Traité des Etudes* , Livre écrit avec beaucoup de
pureté & de goût , & dans lequel le Public n'a repris que
quelques plaifanteries mal placées , & d'un goût peu con-
venable à un bon Ouvrage.

(16) *Girardon & le Puget*, deux excellens Sculpteurs François. Girardon a plus de grace, le Pujet plus d'expreffion.

(17) *Le Pouffin, Le Brun* & *Le Sueur*, font à la tête de
l'Ecole Françoife. On leur reproche à tous trois de ne
s'être pas attachés affez au Coloris, qui eft la partie la plus
féduifante de la Peinture ; mais ils ont excellé dans le Def-
fein, qui eft la partie effentielle.

B 5

Malgré leurs efforts, il manquoit

Le Coloris de la Nature.

Sous ses yeux , des Amours badins

Ranimoient ces touches savantes ,

Avec un pinceau que leurs mains

Trempoient dans les couleurs brillantes

De la palette de Rubens.

Dans ce même Cabinet consacré aux Phidias & aux Apelles modernes , on cultivoit cet autre Art inventé en Italie, & perfectionné en (18) France ; cet Art qui multiplie & qui éternise les Tableaux, & qui exprime tout sans le secours des Couleurs. C'est là qu'on voit un Recueil d'Estampes d'après tous les beaux Tableaux qui sont en France.

Crozat préside à ce dessein : (19)

Il conduit le docte burin

De la Gravure scrupuleuse,

Qui d'une main laborieuse,

Immortalise sur l'airain

De

(18) L'Art de la Gravure en cuivre , trouvé à Florence par un Orfevre nommé *Finguerra*, au commencement du XVI. Siecle ; & trouvé par hazard, comme la plupart de tous les Arts.

(19) *N . . . Crozat*, l'un des plus celebres Amateurs & des meilleurs Connoisseurs , fait graver les Tableaux & les Desseins des plus grands Maitres qui sont en France. Cet Ouvrage est déja fort avancé par les soins de Mr. *Robert*, Peintre & Sculpteur très habile.

De Boulogne la grace heureuſe,
Et l'eſprit ſage du Pouſſin.

Vis-à-vis ſont les Modeles de nos plus beaux Edifices. Colbert, l'Amateur & le Protecteur de tous les Arts, raſſembloit autour de lui les Connoiſſeurs. Tous féliciterent le Cardinal de (20) Polignac ſur ce Salon de Marius, qu'il a déterré dans Rome, & dont il vient d'orner la France.

Colbert attachoit ſouvent ſa vue ſur cette belle façade du Louvre, dont Perrault & Le Vau ſe diſputent encore l'invention. Il ſoupiroit de ce qu'un ſi beau Monument périſſoit ſans être achevé. Ah! diſoit-il, pourquoi a-t-on forcé la Nature pour faire du Château de Verſailles un Favori ſans mérite; tandis qu'on pouvoit en continuant le Louvre égaler en bon-goût Rome ancienne & moderne!

On voyoit ſur un Autel le Plan du Luxembourg; de ce Portail ſi noble auquel il manque une Place, une Egliſe, & des Admirateurs;
de

---

(20) Mr. de *Polignac* ayant conjecturé qu'un certain terrein de Rome avoit été autrefois la maiſon de Marius, fit fouiller dans cet endroit. L'on trouva à pluſieurs pieds ſous terre, un Salon entier avec pluſieurs Statues très bien conſervées. Parmi ces Statues, il y en a dix qui font une ſuite complete, & qui repréſentent Achille déguiſé en Fille à la Cour de Lycomede, & reconnu par l'artifice d'Ulyſſe. Cette Collection eſt unique dans l'Europe, par la rareté & par la beauté. Elles ſont actuellement chez Mr. le Cardinal de *Polignac*, où les Curieux peuvent les voir.

de cette Fontaine qui fut un Chef-d'œuvre de
Goût dans un tems d'ignorance; de cet Arc de
triomphe qu'on admireroit dans Rome, & auquel le nom vulgaire de la Porte St. Denys ôte
tout son mérite auprès de la plupart des Pari-
siens. Cependant le Dieu s'amusoit à faire cons-
truire le Modele d'un Palais parfait. Il joignoit
l'Architecture du Château de Maisons, au de-
dans de l'Hôtel de Lassay, dont il a conseillé
lui-même la situation, les proportions & les
embellissemens au Maitre aimable de cet Edifice, & auquel il ajoutoit quelques commodi-
tés. Je demandois tout-bas, pourquoi il y a eu
à proportion moins de bons Architectes en
France, que de bons Sculpteurs. Le Cardinal,
qui connoit tous les Arts, daigna répondre
ainsi. Prémierement, les Sculpteurs & les Peintres ont toute la liberté de leur génie; au-lieu
que les Architectes sont souvent gênés par le
terrein,& encore plus par le caprice du Maitre.
En second lieu, les Sculpteurs & les Peintres
faisant beaucoup plus d'Ouvrages, ont bien
plus d'occasion de se corriger. Cent Particuliers étoient en état d'employer le pinceau du
Poussin, de Jouvenet, de Santerre, de Boulogne, de Vatau; & même aujourd'hui nos
Peintres modernes travaillent presque tous
pour de simples Citoyens. Mais il faut être
Roi ou Surintendant, pour exercer le génie
d'un Mansart ou d'un Desbrosses. Enfin, le
succès du Peintre est dans le Dessein de son
Ta-

Tableau ; celui du Sculpteur eſt dans ſon Modele en terre : le Modele de l'Architecte au contraire eſt trompeur , parce que le bâtiment regardé enſuite à une plus-grande diſtance , fait
un effet tout different , & que la perſpective
aërienne en change les proportions. En un mot,
il en eſt ſouvent du Plan en relief d'un Edifice ,
comme de la plupart des Machines , qui ne
réuſſiſſent qu'en petit.

Après avoir examiné ce Cabinet où l'Architecture , la Sculpture , la Peinture étaloient
leurs charmes , nous paſſames dans l'endroit du
Temple où ſe raſſemblent tous ces Hommes
illuſtres , auxquels on donne le nom de Beaux-
Eſprits.

Parmi ces Ecrivains celebres, les Pavillons,
les Benſerades , les Péliſſons , les Segrais , les
St. Evremont, les Balzacs, les Voitures, ne me
parurent pas occuper les prémiers rangs.   Ils y
étoient autrefois, me dit un de mes Guides ;
ils brilloient avant que les beaux jours des Belles-Lettres fuſſent arrivés.   Mais peu à peu ils
ont cedé la place aux véritablement Grands-
Hommes : ils ne font plus ici qu'une aſſez mé-
diocre figure. En effet , la plupart n'avoient
gueres que l'eſprit de leur tems , & non cet eſprit qui paſſe à la derniere Poſterité.

> Déja de leurs foibles Ecrits
> Beaucoup de graces ſont ternies.

Ils font comptés encore au rang des Beaux-Efprits,
Mais exclus du rang des Génies.

On dit qu'un jour Segrais voulut entrer dans le
Temple, en récitant ce Vers de Despréaux :

Que Segrais dans l'Eglogue en charme les forêts.

Mais la Critique ayant, par malheur pour lui,
lu quelques pages de fon Eneïde & de fes Géor-
giques en Vers François, lui refufa la porte, &
laiffa entrer à fa place Madame de la Fayette (21),
qui avoit mis fous le nom de Segrais, Zaïde, &
la Princeffe de Cleves.

Péliffon eft dans le Temple, à caufe de l'Hiftoire de la Franche-Comté : mais on ne lui par-
donne pas d'avoir dit tant de puérilités dans fon
Hiftoire de l'Académie, & d'avoir rapporté des
fottifes comme des Bons-mots.

Le

(21) Voici ce que Mr. *Huet* Evêque d'Avranches rapporte, page 204. de fes Commentaires, Edition d'Amfterdam.
Madame *de la Fayette* négligea fi fort la gloire qu'elle mé-
ritoit, qu'elle laiffa fa *Zaïde* paroître fous le nom de *Segrais* ;
& lorsque j'eus rapporté cette Anectote, quelques Amis de
Segrais, qui ne favoient pas la vérité, fe plaignirent de ce
trait, comme d'un outrage fait à fa mémoire. Mais c'é-
toit un Fait dont j'avois été longtems témoin oculaire, &
c'eft ce que je fuis en état de prouver par plufieurs Lettres
de Madame de la Fayette, & par l'Original du Manufcrit
de Zaïde, dont elle m'envoyoit les feuilles à mefure
qu'elle les compofoit.

Le doux, mais foible Pavillon fait fa cour à
Madame Deshoulieres.　L'inégal St. Evremont
n'ofe parler de Vers à perfonne.　Voiture &
Benferade cherchent tous deux de l'efprit , &
trouvent des pointes & des jeux de mots, dont
ils rougiffent eux - mêmes le moment d'après :
tandis que Balzac fe tenant feul au haut de la
voûte, & n'étant entendu de perfonne, déclame
à perte d'haleine fes longues phrafes hyperbo-
liques.

Le Cardinal & fon Ami chercherent le Comte
de Buffy, qui fe tenoit à l'écart avec une fierté
mécontente.　L'aimable, la naturelle Madame
de Sevigné accourut au-lieu de lui.

Elle dit que fon cher Coufin ,

Homme d'efprit, mais un peu vain,

Et qui s'applaudit & qui s'aime

Au point d'en paroître ennuyeux ,

Eft mal reçu dans ces beaux lieux,

Pour avoir d'un ton glorieux,

Si fouvent parlé de lui - même.

Mais fon Fils, fon aimable Fils,

Parmi nous eft toujours admis.

C'eft lui qu'on créa dans Paris,

Dieu de la bonne compagnie;

Lui de qui l'aimable entretien

Sur tous nos cœurs a tant d'empire;

Qui

Qui sans flatter & sans médire,

Ne prétendant jamais à rien,

Sans le croire , parle aussi bien

Que son Pere croyoit écrire.

Je vis arriver en ce lieu

Le brillant Abbé de Chaulieu,

Qui chantoit en sortant de table.

Il osoit caresser le Dieu,

D'un air familier , mais aimable.

Sa vive imagination

Prodiguoit dans sa douce yvresse,

Des beautés sans correction,

Qui choquoient un peu la justesse,

Mais respiroient la passion.

La Fare avec plus de molesse,

Et baissant sa Lyre d'un ton ,

Chantoit auprès de sa Maitresse

Quelques Vers sans précision ,

Que le plaisir & la paresse

Dictoient à ce gros Céladon.

Le Dieu aimoit fort ces deux Messieurs , & surtout La Fare qui ne se piquoit de rien, & qui même avertissoit son Ami Chaulieu de ne se croire que le prémier des Poëtes négligés, & non pas le prémier des bons Poëtes, comme l'Abbé s'en flattoit de très bonne foi.

Cha-

Chapelle étoit au milieu d'eux ; Chapelle, plus
débauché que délicat, plus naturel que poli, facile dans fes Vers, libertin dans fes idées, incor-
rect dans fon ftile ; il parloit toujours au Dieu
du Goût fur la même rime.　On prétend que
ce Dieu lui répondit un jour :

> Règlez mieux votre paffion
>
> Pour ces fyllabes enfilées,
>
> Qui chez Richelet étalées ,
>
> Et des Efprits fages fifflées ,
>
> Bien fouvent fans invention ,
>
> Difent avec profufion
>
> Des riens en rimes redoublées.

Et je crois que je ne ferois pas mal de fuivre
cet avis.

Chapelle, Chaulieu, La Fare , St. Evrémont
faifoient converfation avec le celebre Duc de la
Rochefoucault & Madame de la Fayette.　Ces
entetiens n'ont ni l'affectation de l'Hôtel de
Rambouillet, ni le tumulte qui regne chez nos
jeunes Etourdis.

> On y fait fuir également
>
> Le Précieux , le Pédantifme ,
>
> L'air empefé du Syllogifme ,
>
> Et l'air fou de l'Emportement.
>
> C'eft là qu'avec grace on allie

Le vrai Savoir à l'Enjoûment,

Et la Justesse à la Saillie.

L'Esprit en cent façons se plie ;

On fait donner, rendre, essuyer

Cent traits d'aimable raillerie :

Le Bon-sens, de peur d'ennuyer,

Se déguise en Plaisanterie.

On y examine si les Arts se plaisent mieux dans une Monarchie, que dans une République : Si l'on peut se passer aujourd'hui du secours des Anciens : Si les Livres ne sont point trop multipliés : Si la Comédie & la Tragédie ne sont point épuisées. On établit quelle est la vraye différence entre l'Homme de talent, & l'Homme d'esprit ; entre le Critique, & le Satirique ; entre l'Imitateur, & le Plagiaire. Quelquefois même on laisse parler longtems la même personne, mais ce cas arrive très rarement. Heureusement pour moi, on se rassembloit en ce moment autour de la fameuse Ninon Lenclos.

Ninon, cet objet si vanté,

Qui joignit tant de probité

Au doux talent d'être volage,

Faisoit alors avec gaieté

Un Discours sur la Volupté,

Sur l'Art & la Délicatesse,

Qui rend la moins fiere Beauté

Respectable dans sa foiblesse.

Tan-

Tandis que j'écoutois attentivement son Sermon, mes deux graves Conducteurs s'amuſerent à parler de Belles-Lettres avec quelques Jéſuites.

Un Janſeniſte dira, que les Jéſuites ſe fourrent par-tout; mais la vérité eſt que le Dieu du Goût a inſtruit beaucoup de ces Peres; il les reçoit auſſi bien que leurs Ennemis, & il eſt aſſez plaiſant de voir en ce lieu Bourdaloue qui s'entretient avec Paſcal ſur le grand Art de joindre l'Eloquence au Raiſonnement.

Derriere eux étoit l'exaᴄt & le délicat Bouhours, qui marquoit ſur des Tablettes toutes les fautes de langage, & toutes les petites négligences qui échapoient à Bourdaloue & à Paſcal. Le Cardinal de Polignac ne put s'empêcher de dire au Pere Bouhours :

> Quittez d'un Cenſeur pointilleux
>
> La ſcrupuleuſe diligence :
>
> Aimons juſqu'aux défauts heureux
>
> De leur mâle & libre Eloquence.
>
> J'aime mieux errer avec eux,
>
> Que d'aller, Cenſeur pointilleux,
>
> Peſer des mots dans ma balance.

Cela fut dit avec bien plus de politeſſe que je ne le rapporte; mais nous autres Poëtes nous ſommes ſouvent très impolis, pour la commodité de la rime. Le Pere Bouhours lui répon-

dit :

dit : Permettez que je continue mes petites ob-
fervations. Ce font les Grands - Hommes qu'il
faut critiquer, de peur que les fautes qu'ils font
contre les Règles, ne fervent de Règles aux petits Ecrivains. Ce font les défauts du Pouffin
& du Sueur , qu'il faut relever ; non ceux de
Rouet & de Vignon : & dès que votre Anti-
Lucrece fera imprimé , foyez fûr de ma critique.

Eh bien , examinez, vetillez, tant qu'il vous
plaira , dit en paffant un jeune Duc qui revenoit du Sermon de Ninon, & qui en paroiffoit
tout pénétré ; pour moi je n'ai pas la force de
rien cenfurer d'aujourd'hui.

Cet Homme, que Ninon avoit rendu fi in-
dulgent,

C'eft lui qui d'un efprit vif, aimable & facile,

D'un vol toujours brillant fut paffer tour à tour,

Du Temple des Beaux-Arts au Temple de l'Amour ;

Mais qui fut plus content de ce dernier afyle.

    Des mains des Graces préfenté

    En Allemagne , en Italie,

    Il charma l'Europe adoucie,

    Dont fon Oncle fut redouté.

Il eft même encore mieux reçu dans le Temple du Goût, que cet Oncle fi vanté, qui réta-
blit les Beaux- Arts en France, de la même main
dont il abaiffa ou perdit tous fes Ennemis. Ce
terri-

terrible Miniftre, craint, haï, envié, admiré à l'excès de toutes les Cours & de la fienne , eft redouté jufque dans le Temple du Goût, dont il eft le Reftaurateur. On craint à tout moment qu'il ne lui prenne fantaifie d'y faire entrer Chapelain, Colletet, Faret & Desmarets , avec lesquels il faifoit autrefois de méchans Vers.

Quand je vis que le Cardinal de Richelieu n'avoit pas toutes les préférences, je m'écriai : C'eft donc ici comme ailleurs , & l'inclination l'emporte par-tout fur les bienfaits ! Alors j'entendis quelqu'un qui me dit :

Etablir, conferver, mouvoir, arrêter tout,

Donner la Paix au Monde , ou fixer la Victoire,

C'eft ce qui m'a conduit au Temple de la Gloire,

 Bien plutôt qu'au Temple du Goût.

 Je vois bien , qu'en ce Sanctuaire,

 L'Autorité du Miniftere ,

L'honneur de proteger les Beaux-Arts qu'on chérit,

 Mais auxquels on ne s'entend guere,

 L'éclat, l'intrigue, le crédit ,

Ne fauroient égaler les charmes de l'Efprit,

 Ni le Don fortuné de plaire.

Ce Don de plaire fait tout ; c'eft lui qui dans le Temple donne le pas à l'Auteur d'une Chanfon, fur un Compilateur de cent Volumes ; c'eft

lui

lui qui met presque au même rang que les Il-
luftres, ces Hommes fages & heureux,

Qui dans le fein des Arts, du Monde & du Loifir,

Ont paffé de leurs jours les momens déleĉtables,

A recevoir, à donner du plaifir.

De chanter & d'écrire ils ont été capables :

Mais pour être en ce Temple, & pour y réuffir,

Qu'ont-ils fait ? Ils étoient aimables.

C'eft entre ces Voluptueux, & les Artiftes,
que je trouvai le facile, le fage, l'agréable La
Faye. Heureux qui pourroit paffer, comme lui,
les dernieres années de fa vie ! tantôt compo-
fant des Vers aifés & pleins de grace ; tantôt
écoutant ceux des autres, fans envie & fans mé-
pris ; ouvrant fon Cabinet à tous les Arts, &
fa Maifon aux feuls Hommes de bonne compagnie. Combien de Particuliers dans Paris pour-
roient lui reffembler dans l'ufage de leur fortune ? Mais le Goût leur manque : ils jouiffent
infipidement, & ils ne favent qu'être riches.

Après avoir goûté l'entretien de ces Hommes
aimables, on alla voir la Bibliotheque. On croit
bien que nous n'y trouvames pas

L'amas curieux & bizarre

De vieux Manufcrits vermoulus,

Ni la fuite inutile & rare

D'Ecrivains qu'on n'a jamais lus.

Mais

Mais les Mufes ont elles - même

En leur rang placé ces Auteurs,

Qu'on lit, qu'on eftime & qu'on aime,

Et dont la fageffe fuprême

N'a ni trop ni trop peu de fleurs.

Presque toutes les Editions font corrigées &
retranchées, de la main des Mufes. Les trois
quarts de Rabelais, au moins, font renvoyés à
la Bibliotheque bleue ; & le refte, tout bizarre qu'il eft, ne laiffe pas de faire rire quelquefois le Dieu du Goût. Marot, qui n'a qu'un
ftile, & qui chante du même ton les Pfeaumes
de David & les merveilles d'Alix, eft réduit à
cinq ou fix feuillets. Voiture & Sarrazin n'ont
pas à eux deux plus de foixante pages. Tout
l'efprit de Bayle eft en un feul Tome ; & ce ju-
dicieux Philofophe, ce Juge éclairé de tant
d'Auteurs & de tant de Sectes, n'eût pas pro-
bablement compofé plus d'un *in folio*, s'il n'avoit
écrit que pour lui, & non pas pour des Libraires.

St. Evremont, qui parle fi délicatement de
Religion, fi folidement de Bagatelles, & qui é-
crit de fi longues Lettres à la belle Madame
Mazarin, eft confiné dans un très petit Volume ; encore n'y trouve-t-on pas la converfation
du Pere Canaye, qui appartient à Charleval.

La Conjuration de Venife, feul Ouvrage qui
puiffe donner un nom à l'Abbé de St. Real, eft
à côté de Salllufte. Il n'y a point encore d'E-

C 4

cri-

crivain François que les Muses ayent pu mettre
à côté de Tacite.

Enfin, l'on nous fit passer dans l'intérieur du
Sanctuaire. Là les Mysteres du Dieu me furent
révélés. Là je vis ce qui doit servir d'exemple
à la Posterité : un petit nombre de Grands-Hommes y faisoient ce qu'ils n'avoient jamais fait de
leur vie ; ils voyoient & corrigeoient leurs
fautes.

La Bruyere adoucissoit dans son stile nerveux
& singulier, des tours durs & forcés qui s'y ren-
contrent. L'aimable Auteur du Télémaque
retranchoit des détails & des répétitions, dans
son Roman moral , & rayoit le Titre de Poëme Epique , que quelques Zèlés lui donnent ;
car il avoue sincerement , qu'il n'y a point de
Poëme en Prose.

Bossuet , le seul François véritablement élo-
quent entre tant de bons Ecrivains en Prose,
qui pour la plupart ne sont qu'élégans ; Bossuet
vouloit bien retrancher quelques familiarités é-
chapées à son génie vaste & facile , qui dépa-
rent la beauté de ses Oraisons funebres.

> Ce grand , ce sublime Corneille,
>
> Qui plut bien moins à notre oreille,
>
> Qu'à notre esprit qu'il étonna ;
>
> Ce Corneille qui crayonna
>
> L'ame d'Auguste, de Cinna ,
>
> De Pompée & de Cornélie ;

Jetroit

Jettoit au feu fa Pulchérie,
Agéfilas , & Suréna;
Et facrifioit fans foiblefſe
Tous ces Enfans infortunés,
Fruits languiſſans de fa vicilleſſe ,
Trop indignes de leurs Aînés.

    Plus pur, plus élégant , plus tendre,
Et parlant au cœur de plus près ,
Nous attachant fans nous furprendre,
Et ne fe démentant jamais,
Racine obferve les Portraits
De Bajazet , de Xipharès,
De Britannicus , d'Hippolite :
A peine il diſtingue leurs traits ;
Ils ont tous le même mérite ;
Tendres , galans, doux , & difcrets,
Et l'Amour qui marche à leur fuite,
Les croit des Courtifans François.

    Toi Favori de la Nature,
Toi La Fontaine , Auteur charmant ,
Qui bravant & rime & mefure,
Si négligé dans ta parure
N'en avois que plus d'agrément ;
Sur tes Ecrits inimitables
Di nous quel eſt ton fentiment ;

C 5

Eclai-

Eclaire notre jugement
Sur tes Contes & fur tes Fables.

La Fontaine, qui avoit confervé la naïveté de
fon caracte e , & qui dans le Temple du Goût
joignoit un difcernement éclairé à cet heureux
inftinct qu'il avoit pendant fa vie, retranchoit les
prémieres & les dernieres de fes Fables, accour-
ciffoit fes Contes , & arrachoit plus des trois
quarts d'un gros Recueil d'Oeuvres pofthumes,
imprimé par ces Editeurs qui vivent des fottifes des Morts.

Là regnoit Despréaux, leur Maitre en l'Art d'écrire ;
Lui qu'arma la Raifon des traits de la Satire ;
Qui donnant le Précepte, & l'Exemple à la fois,
Fit fleurir d'Apollon les rigoureufes Loix.
Il revoit fes Enfans avec un œil fevere :
De la trifte Equivoque il rougit d'être Pere ;
Il rit des traits manqués du pinceau foible & dur,
Dont il défigura le Vainqueur de Namur :
Lui-même il les efface, & femble encor nous dire,
Ou fachez vous connoitre, ou gardez-vous d'écrire.

Despréaux , par ordre exprès du Dieu du
Goût, fe reconcilioit avec Quinault qui eft le
Poëte des Graces, comme Despréaux eft le Poë-
te de la Raifon.

Mais

Mais le fevere Satirique
Embraſſoit encore en grondant
Cet aimable & tendre Lyrique ,
Qui lui pardonnoit en riant.

Je ne me racommode point avec vous, diſoit Despréaux, que vous ne conveniez qu'il y a bien des fadeurs dans ces Opera ſi agréables.

Eh bien ! oui, je l'avoue , lui dit Quinault. Mais avouez auſſi, que vous n'euſſiez jamais fait Atys, ni Armide.

Dans vos ſcrupuleuſes beautés,
Soyez vrai , précis , raiſonnable ;
Que vos Ecrits ſoient reſpectés :
Mais permettez-moi d'être aimable.

Enchanté de tout ce que je voyois, ravi hors de moi-même, je m'apperçus en parcourant ce Lieu ſacré, que j'étois devant Moliere. Je lui fis ce petit compliment :

L'élégant , mais le froid Terence,
Eſt le prémier des Traducteurs.
Tu fus le Peintre de nos Mœurs,
De l'Univers, & de la France.
Nos Courtiſans trop rengorgés ,
Nos Bourgeois pleins de préjugés,

De

De Ridicule ſi chargez ,

Chez toi venoient ſe reconnoitre ;

Et tu les aurois corrigés ,

Si l'Eſprit humain pouvoit l'être.

Ah ! dit-il, pourquoi ma profeſſion m'o-
bligea-t-elle de partager mes talens ! Pourquoi
ai-je écrit pour le Peuple ! Si j'avois été le
maitre de mon tems , mes Dénouemens auroient été plus heureux, mes Intrigues plus va-
riées ; & ſi je n'avois écrit que pour les Connoiſſeurs, j'aurois moins donné dans le bas Comique.
C'eſt ainſi que tous ces Grands-Hommes mon-
troient leur ſupériorité, en avouant leurs fautes.

Je connus par tout ce que je vis, que le Dieu
du Goût eſt très difficile à ſatisfaire ; mais qu'il
n'aime point à demi. Je vis que les Ouvrages
qu'il critique le plus en détail, ſont ſouvent ceux
qui, en tout, lui plaiſent davantage.

Nul Auteur avec lui n'a tort ,

Quand il a trouvé l'Art de plaire :

Il le critique ſans colere ;

Mais il l'approuve avec tranſport.

Melpomene étalant ſes charmes ,

Vient lui préſenter ſes Héros.

Le Dieu connoit tous leurs défauts :

Mais c'eſt en répandant des larmes.

Mal-

Malheureux qui toujours raiſonne,
Et qui ne s'attendrit jamais !
Dieu du Goût , ton divin Palais
Eſt un ſéjour qu'il abandonne.

Quand il fallut ſe ſéparer , le Dieu parla ainſi, à peu près, à mes deux Protecteurs. Voici
le ſens de ſes paroles.

Adieu, mes plus chers Favoris.
Comblés des faveurs du Parnaſſe,
Ne ſouffrez pas que dans Paris
Mon Rival uſurpe ma place.
Je ſai qu'à vos yeux éclairés
Le Faux Goût tremble de paroître.
Si jamais vous le rencontrez ,
Il eſt aiſé de le connoître.
Toujours accablé d'ornemens,
Compoſant ſa voix , ſon viſage,
Affecté dans ſes agrémens,
Et précieux dans ſon langage,
Il prend mon nom , mon étendart:
Mais on voit aſſez l'impoſture;
Car il n'eſt que le Fils de l'Art,
Et je le ſuis de la Nature.

Enſui-

Enfuite, il leur parla de la protection qu'on doit aux Belles Lettres ;   de la gloire qu'elles donnent aux Païs dans lefquels elles fleuriffent, à ceux qui les cultivent, à ceux qui les favori-fent. Il s'écria avec un peu d'Enthoufiafme,qu'il ne dédaigne pas quelquefois , mais qu'il fait toujours moderer :

Que toujours CLERMONT s'illumine (21)

Des vives clartés de ma Loi.

Lui, fes Sœurs, les Amours , & moi,

Nous fommes de même origine.

Brillez dans le fein des Beaux Arts,

Illuftre Jeuneffe de France ;

Tandis que les foudres de Mars

Se repofent dans le filence.

Braffac, fois toujours mon foutien. (22)

Sous tes doigts j'accordai ta Lyre.

De l'Amour tu chantes l'Empire,

Et tu compofes dans le mien.

Cailus,

(21) Mr. Le Comte de *Clermont*, Prince du Sang, a fon-dé à l'âge de vingt ans, une Académie des Arts, compofée de cent Perfonnes , qui s'affemblent chez lui; & il donne une protection marquée à tous les Gens de Lettres. On ne fauroit trop propofer un tel exemple aux jeunes Princes.

(22) Mr. le Chevalier de *Braffac* , non feulement a le talent

Cailus, tous les Arts te chériffent. (23)

Je conduis tes brillans Deffeins ;

Et les Raphaëls s'applaudiffent

De fe voir gravez par tes mains.

Jeune Deftampe, & vous Surgere , (24)

Em-

lent très rare de faire la Mufique d'un Opera ; mais il a le courage de le faire jouer , & de donner cet exemple à la Nobleffe Françoife. Il y a déja longtems que les Italiens, qui ont été nos Maitres en tout, ne rougiffent pas de donner leurs Ouvrages au Public. Le Marquis *Maffei* vient de rétablir la gloire du Théâtre Italien. Le Baron d'*Aftorga*, & le Prélat qui eft aujourd'hui Archevêque de Pife, ont fait plufieurs Opera fort eftimés. Le Duc de *Boukinkam*, le Comte de *Rochefter*, & plufieurs autres. ont fait des Pieces de Théâtre qui font jouées fouvent à Londres. Les paroles de l'Opera de Mr. le Chevalier de *Braffac* font de Mr. de *Monterif*, Auteur de la Fable de Tithon & de l'Aurore.

(23) N.... Marquis de *Cailus*. eft celebre par fon goût pour les Arts, & par la faveur qu'il donne à tous les bons Artiftes. Il grave lui-même, & met une expreffion finguliere dans fes Deffeins. Les Cabinets des Curieux font pleins de fes Eftampes. Mr. de *St. Maurice*, Officier aux Gardes, grave auffi, & fe fert davantage du burin : il a fait une Eftampe d'après Le Nain , qui eft un chef-d'œuvre.

(24) N.... *de la Rochefoucault* , Marquis de *Surgere*, a fait une Comédie intitulée , *l'École du Monde* , Piece fans contredit bien écrite, & dans laquelle il y a des traits que le celebre Duc de la Rochefoucault eût approuvés. Mr. le Marquis *d'Eftampes*, qu'on nomme Mr. *de la Ferté Imbaut*, permettra malgré fon extrème modeftie , qu'on dife qu'il a fait à l'âge de 18 ans une Tragédie dont les Vers font très harmonieux , dans le tems que de vieux Poëtes de profeffion étoient affez déraifonnables pour écrire contre l'Harmonie.

Employez des foins affidus

Aux beaux Vers que vous daignez faire;

Et que tous les Sots confondus

Desormais ne prétendent plus

Qu'on déroge & qu'on dégénere,

En fuivant Minerve & Phébus.

F I N.

APPROBATION.

J'Ai lu *le Temple du Goût*, par ordre de Monfeigneur le Garde des Sceaux, & n'y ai rien trouvé qui pût en empêcher l'impreffion. Ce 21. Avril 1733.

CREBILLON.